ABC DEL MARKETING DIGITAL

Guía de orientación y conocimiento
para no marketeros

Adriana Sepúlveda

Nombre del libro: ABC del Marketing Digital
Autor: Adriana Sepúlveda
Diseño portada y maquetación: CMND Editorial Agency
Edición y coedición gráfica: Heidi Velázquez, Diana A. Pérez, Aziyadé Uriarte/Comunicación Global Design.

© 2019 Adriana Sepúlveda
Datos de contacto: contacto@mercaparapymes.com.mx
Primera edición: Septiembre 2019
Segunda edición: Junio 2021.

ISBN: 9781089567455

www.comunicaciongd.com   www.autopublicatulibro.com

Dedicatoria

Este libro es para ti que lo estás leyendo;
que puedas encontrar en él una guía que te
permita llevar tu empresa al éxito. Que mi
experiencia te sirva para dar pasos sólidos
en tu negocio.

AGRADECIMIENTOS

Hay tantas personas involucradas directa e indirectamente en este proyecto, que me siento muy afortunada de que estén en mi camino.

Primero, quiero agradecer a **cada uno de mis clientes** que han depositado su confianza en mí, que juntos hemos compartido grandes resultados, y que hoy me permiten poner estos conocimientos en este proyecto.

A **Gerardo Borbolla**, principal responsable de que este libro sea una realidad: gracias por todo tu apoyo y tu empuje en mis momentos más críticos.

A mi socia y amiga, **Elvira Zapata,** por no dejarme nunca de apoyar cada locura que se me ocurre.

A mis tres mosqueteras, **Liza, Carmen y Mony,** porque han sido parte fundamental y vital de mi vida, siempre apoyándome incondicionalmente.

A mi *coach*: **Alberto Perches,** por ayudar a reencontrarme y a impulsarme a ser mejor cada día; a mis amigas y hermanas **Cimarronas,** gracias por enseñarme que juntas somos mejores; a mis chicas **Bellator,** porque con su entrega, su constancia y su disciplina me han enseñado que cuando hay ganas, todo se logra; y a mi *coach* de soccer, **Ángel Arias,** por sacar lo mejor de mí en cada partido.

A **mis amigos pabloliveros**, por recordarme cada día que la amistad puede durar toda la vida y que nunca dejaremos de ser niños. Al guidismo/escultismo que se volvió mi estilo de vida y que me ha enseñado a través de los años que debo estar SIEMPRE LISTA y BIEN PREPARADA para cualquier circunstancia que la vida me presente, por enseñarme a ser la mujer que hoy soy y por darme a los mejores amigos que la vida pudo poner.

A mi amiga, hermana y comadre, **Marcela Batocletti**, que a distancia siempre está conmigo apoyándome en cada instante de mi vida. A **MV** por llegar a darle un sentido a todo mi mundo, por impulsarme a ser mejor persona cada día y por darme la ilusión y la fuerza para lograr lo que me proponga, por enseñarme "que todo llega", que todo es cuestión de construirlo.

A **mi familia**, que siempre está presente en mi vida; a mi mamá y a mi hermana por estar siempre en cada paso que doy y apoyarme incondicionalmente, aunque a veces no coincidamos en formas de pensar y actuar. A **todos mis amigos,** que no porque no los mencione no son importantes en mi vida, cada uno de ustedes han dejado una huella grande en mi camino.

Y, principalmente, **a mis hijos Dany y David**, por ser ese motor que me impulsa a ser mejor cada día, por hacer que mi vida tenga sentido, por aguantar mi ausencia, pero principalmente por caminar juntos en cada una de mis locuras; eso, sin dudarlo, me hace amarlos cada día más, esto no sería posible sin ustedes. Y hoy puedo decirlo de nuevo: ¡valió la pena!

Sin olvidar, también, **a Dios** por llenar de luz mi camino y guiarme cada día.

ABC DEL MARKETING DIGITAL

PRÓLOGO

Hoy en día, en un mundo sobresaturado de información —alguna de esta, relevante; otra, no tanto—, es fácil que más de un vivaz por ahí se autoinstale el título de "gurú", sobre todo en el área de negocios, intentando sorprender con un lenguaje florido, pero a la vez redundante, donde la abundancia de adjetivos calificativos inunda y ahoga a la sustancia; desafortunadamente, el Marketing Digital no se escapa de esta práctica, y es esto, sin duda, una de las causas de la confusión imperante en tan interesante área de desarrollo en la mercadotecnia actual.

En este, su primer libro, Adriana rompe con esa inercia negativa, poniendo de manera clara los puntos sobre las íes en materia de Marketing Digital, explicando más que predicando, demostrando más que simplemente mostrando. Y en el camino lo hace de manera precisa, concisa y, sobre todo, amena, con un lenguaje que se aleja de los, a menudo, intimidantes tecnicismos, llevando el tema a un nivel de narrativa, que será de fácil comprensión, incluso para los más alejados de esta materia profesional.

Estas páginas que ahora tienes en tus manos son una herramienta infaltable para aquellos que usan el Marketing Digital como catalizador de negocio —tanto del lado del oferente de ideas como del comprador de estas—, ya que permite ver con claridad las oportunidades que se presentan día a día en el mundo de la comunicación digital de marca.

Esto desde una óptica práctica y real, brindando una perspectiva clara sobre qué hacer en el Marketing Digital, cómo hacerlo, pero sobre todo respondiendo a la pregunta básica: "¿Por qué debo de estarlo haciendo desde ya?".

Los años que Adriana lleva desempeñándose como consultora sobre el tema —de manera siempre cercana a la gente, dicho sea de paso—, le brinda la solvencia profesional para transformar su conocimiento y experiencia en esta guía práctica que ha decidido poner en papel y compartirla con los demás. A título personal, siempre he creído que cada vez que compartimos algo, lo multiplicamos para todos; pues bien, con el "ABC del Marketing Digital", Adriana lo ha hecho, y estoy seguro de que leer estas páginas y aplicar lo aprendido de ellas te llevará a multiplicar tu potencial. Después de todo, de eso se trata la vida; o poniéndolo en términos de Marketing Digital: "It's all about share".

Carlos Leal Jiménez
Fundador Sr. Smith

ÍNDICE

INTRODUCCIÓN

Cuando me planteé la idea de escribir un libro, pensé mucho en lo que haría con él, de qué trataría y, claramente, siempre tuve la respuesta conmigo: tiene que ser útil para el que lo lea. Tiene que ser un libro que facilite conocimiento amplio sobre un tema para quienes no lo dominan, y enfoque a aquellas personas que sí tienen el conocimiento, pero que no saben cómo aplicarlo.

Este libro tiene como objetivo ayudarte en el proceso de cómo hacer un buen plan de Marketing Digital, dándote paso a paso para que puedas tener grandes resultados. En él te explico todo lo que debes saber sobre el tema; empezamos por la parte primordial: qué es el Marketing Digital, qué lo compone, cómo es que se ha posicionado tanto en las empresas y en las personas, cómo funciona y el porqué debemos las marcas o las empresas considerar seriamente implementarlo.

Pero de nada serviría solo decirte cómo hacer el plan de marketing si no conoces las partes que lo componen y por qué son tan importantes cada una de ellas. Algunas se enlazan y dependen unas de otras; es decir, si no las haces todas, puedes llegar a no tener éxito al momento de implementarlo. Por tanto, me di a la tarea de explicarte cada una de ellas por separado para que puedas tener una mejor perspectiva de los elementos y así puedas comprender la importancia de cada uno de ellos para no dejar ninguno fuera.

De esta manera, vas a entender por qué es tan importante crear una estructura de trabajo, esta se ve en cada medio social cuando no la hay, porque te das cuenta de que no tienen propósito: las publicaciones no tienen sentido, siempre se centran en la venta, las personas no interactúan; por consiguiente, no venden. Y mucho de eso es porque desconocen que deben mantener esa estructura para tener el control de las mismas y de todo aquello que se publica.

Para facilitar la lectura y el entendimiento del mismo, dejé atrás los modismos que suelen usarse mucho en marketing y plasmé todo el contenido en un vocabulario que todos podamos entender. Yo sé que a muchos mercadólogos les parecerá poco profesional dejar de usarlos, pero si las personas que están leyendo este libro no tienen un conocimiento profesional o experto en el tema, les costará muchísimo más entender términos o modismos que solo los expertos en el tema conocemos.

Así que tú tranquilo, que esto será pan comido, lo entenderás fácilmente y podrás ponerlo en práctica en cuanto lo termines de leer.

Una persona muy querida me dijo: "Es tiempo de poner todo ese conocimiento en papel, para así poder ayudar a muchas más personas".

Para mí, ha sido todo un reto poner en papel tanto conocimiento, sintetizarlo y hacerlo fácil y práctico para ti, porque sé que será todo un reto para ti ponerlo en marcha, pero, créeme, valdrá la pena comenzar el reto juntos. Sé que al final, cuando veas los resultados, dirás: **"¡Valió la pena!"**

Adriana Sepúlveda

CAPÍTULO 1:
¿Qué es el Marketing Digital?

MUCHAS VECES hemos escuchado sobre el Marketing Digital, y me he encontrado a lo largo del tiempo que cada quien tiene su percepción de lo que es. Para muchos, es tener un sitio web; para otros, tener redes sociales; para otros, una moda. **Realmente es tener presencia en Internet**: así de fácil y sencillo lo puedo resumir.

El Marketing Digital cada vez toma mayor relevancia en las pymes debido al incremento que hoy en día tenemos hacia el acceso de medios digitales. Esto lleva a los usuarios a modificar sus comportamientos, haciendo cada vez más uso del Internet.

Escuchamos las palabras "Marketing Digital", y nuestra mente nos lleva a pensar en medios sociales como *Facebook, Instagram, LinkedIn*... Es como si todo el Marketing Digital fuera tan solo eso: usar una red social muy popular, pero esto va más allá.

La pregunta obligada es:

"¿El Marketing Digital es para mi empresa?"

Aunque para muchos puede parecer una pregunta un poco tonta, es una pregunta que escucho comúnmente todos los días entre muchos emprendedores, dueños de empresas y en algunos directores generales. Y la respuesta es simple: ¡SÍ!

Las pymes, los emprendedores, e inclusive muchas empresas de mayor tamaño que no han hecho Marketing Digital se hacen esta pregunta. Hemos escuchado mil cosas sobre el Marketing Digital y, sobre todo, de las redes sociales, que muchas veces nos hacen pensar que no son para nuestro negocio y mucho menos para todos aquellos que lo que venden es un "servicio".

El Marketing Digital engloba toda acción generada por medio de Internet; es decir, desde la página web, las redes sociales, los catálogos electrónicos, los *flyers* digitales, la práctica de *e-mailing* (envío de correos electrónicos), la colocación de páginas web en algún sitio como referencia, o inclusive logotipos con un vínculo hacia el sitio web de la propia empresa, entre otras acciones.

Como se puede ver, tiene una amplia variedad de usos y acciones que ayudan a las marcas a posicionarse en el gusto de sus consumidores. Es aquí donde todas las empresas deben poner mucha atención, ya que esta es la actividad de publicidad más rentable que permite tener una medición precisa, constante y, prácticamente, al instante de ser generada, cosa que los medios tradicionales no dan tan fácilmente y, para conseguirlo, se involucran una serie alterna de mediciones que permiten precisar su eficiencia.

El error más común que las empresas y las pymes están cometiendo al momento de pensar en publicidad para sus negocios es no considerar el Marketing Digital como una de las fuerzas de impulso más grandes para sus productos o servicios.

Por eso, es importante conocer las ventajas que se obtienen al implementar Marketing Digital en el negocio. Te presentaré algunas de las más importantes a considerar:

1. **Mayor reconocimiento de marca**, lo que se traduce en que las personas ayudan a posicionar tu marca en su mente al asociar tus contenidos y compartirlos en propia su red; así puedes estar más cerca de ellos e interactuar fácilmente.

2. **Aumentas la fidelización de la marca,** ya que las redes sociales permiten un contacto directo y cercano con tus clientes y *followers*; por medio de tus contenidos puedes mantenerlos informados, enviarles promociones únicas y convertirlos en fieles seguidores de tu empresa.

3. Tendrás **más oportunidades de convertir a tus seguidores en clientes,** ya que cada contenido compartido (foto, video, texto) al que reaccione tu comunidad, tiene una posibilidad de convertirse en cliente; esto no quiere decir que toda reacción resulte en un prospecto, pero sí estar un paso más cerca de llegar a serlo.

4. **Las empresas se convierten en humanos**, esto es "humanizar" la marca en las redes sociales al te-

ner contacto directo con una persona que responde por la marca; a la gente le gusta tener contacto con personas, no con empresas, es por eso que las redes sociales ayudan a que estas se vuelvan accesibles para todo público.

5. Las empresas generan **autoridad de marca, debido** a que sus seguidores aceptan sus contenidos y los comparten, provocando que más personas visualicen la marca y estos, a su vez, hablan de ella.

6. **Aumento de tráfico**, gracias a las acciones generadas en Internet que les permite a las empresas recibir entradas a su sitio web y a sus redes sociales; así incrementas la cantidad de personas que visualizan lo que haces en Internet.

7. **Mejoran el posicionamiento en los buscadores,** esta es la práctica de *SEO* (*Search Engine Optimization*) más rentable, ya que por medio del contenido compartido en tus redes sociales y *blog* ayudan al incremento del uso de las palabras claves para posicionarse, y benefician a las empresas en su posicionamiento orgánico (natural, sin pago), logrando estar en los primeros lugares de los buscadores.

8. **Generas experiencias al cliente**, esto ya que hoy en día vivimos el momento de generar experiencia hacia nuestros usuarios, en donde cuenta más la atención y el servicio al cliente que el costo mismo: cada vez que el cliente queda satisfecho, lo

comunica dentro de sus redes sociales personales, mencionando tu empresa y generando que toda su red de contactos sepa de la gran experiencia que vivió contigo, consiguiendo la práctica de la recomendación de boca en boca.

9. **Nos ayuda a mantener mejor informado a nuestro consumidor,** lo cual permite que toda persona interesada en nuestro producto o servicio consulte nuestra información colocada en redes sociales para aumentar la posibilidad de convertirlo en cliente.

En resumen, es mucho mejor generar una estrategia de Marketing Digital para nuestra empresa que no hacerlo, pues quedarse con la idea de NO HACERLO es cometer el error más grande. Sé que, muchas veces, la desinformación orilla a pensar en la disyuntiva sobre "hacer o no hacer", pero la realidad es que esta información está a un clic de distancia y HOY está en tus manos, ¡justo lo estás leyendo!

La idea es que este libro recopile todo lo necesario para lanzar cualquier empresa en Internet, que se dé a conocer y que los usuarios sepan de sus productos y servicios.

Entre más personas se enteren, mayor es la posibilidad de colocarse en la mente del consumidor para generar más ventas; al final, es lo que busca todo negocio.

A mayor venta, mayor posibilidad de volverse exitoso.

Adriana Sepúlveda

CAPÍTULO 2:
¿El Marketing Digital es para mí?

A **MENUDO ME PREGUNTAN** si el Marketing Digital es para cualquier empresa, cualquier producto o servicio. Y mi respuesta siempre es: SÍ, el Marketing Digital puede ser para cualquiera, la diferencia está en saber usarlo a tu favor.

En los últimos años, los medios digitales han pasado a formar parte importante de la vida diaria de los consumidores. Hoy en día, los usuarios no solo usan Internet para trabajar o entretenerse, también lo utilizan para hacer compras, contratar servicios o, inclusive, para resolver cuestiones laborales. Toda la información que se genera alrededor de una marca es proporcional al interés y disposición del usuario por convertirse en consumidor final; por lo tanto, una estrategia de Marketing Digital será indispensable para mejorar la imagen de la marca y así aumentar su visibilidad.

El consumidor ha dejado de ser un usuario pasivo, ese que solo recibía la información de las marcas sin importar si la quería o no.

El consumidor de hoy se informa, revisa los *reviews*, y compara antes de tomar cualquier decisión sobre su compra.

Veamos algunas estadísticas que nos ayuden a entender estos conceptos:

El 52% de las empresas han conseguido clientes a través de medios sociales.

Más del 40% de las marcas reciben solicitudes de amistad por redes sociales.

Más del 50% de las marcas han aumentado el presupuesto que tienen destinado a *Marketing Online*.

Como se vio anteriormente, el Marketing Digital es más que tener una página web, redes sociales o ambas: es tener una estrategia de marca que permita a tu empresa poner todo lo que ofrece el mundo digital a su favor.

Una de las piezas clave y fundamental es tener un sitio web. "¿Por qué?", te preguntarás. La página web sigue siendo la tarjeta digital para una empresa establecida.

Normalmente, cuando los usuarios están buscando un producto o servicio, empiezan su investigación en *Google* a través de cada resultado que arroja el buscador. Lo primero que hacen es abrir los enlaces que sugieren un sitio web establecido, es decir, los que tengan un dominio ".com, .mx, com.mx, .lat, .net", etc. pues son los que generan mayor confianza. Después, observan todos los demás.

Al final, resumiré lo que todos hacemos para comprar algo: nos preguntamos si la empresa tendrá página web, la analizamos para ver más información y luego decidimos si hacemos la compra o no.

Hay empresas que no tienen un sitio web y aun así venden y es correcto; hay otras que no lo tienen, pero por desinformación, porque piensan que tener una o comprar dominios y *hosting* es caro, cuando en realidad no es así, solo falta conocimiento del tema. Al final del libro, hablaré de algunas herramientas y sitios web que te ayudarán a tener esta y mucha más información al respecto.

Pero, bueno, volviendo al tema principal, la cosa es saber si es para tu empresa o no. La respuesta es: SÍ. La presencia de las empresas en Internet es tan primordial como antes lo era estar en una hoja del periódico local o nacional o estar en las estaciones de radio o televisión. **La ventaja de tener una estrategia de Marketing Digital es que su presupuesto es mucho más bajo que los que se manejan para estos medios offline.**

Durante los últimos años, se ha visto cómo los medios digitales se han vuelto parte de la vida diaria de los consumidores al punto de que lo utilizan más para resolver cualquier duda relacionada con los negocios. Ya no lo usan solo para trabajar o entretenerse, que era el foco principal anteriormente. Ahora, es de suma importancia generar contenido de valor sobre las marcas, sus productos o servicios para la toma de decisión de compra delos consumidores.

Recuerda que los usuarios digitales se encuentran activamente revisando los comentarios de las redes sociales, los *reviews* que se generan, los *tweets* de experiencias... Esto porque los usuarios ya no son pasivos; ahora, piden información relevante para poder generar una compra.

Su decisión la refuerza el acceso a dicha información que encuentra en Internet: sitios web, redes sociales o la experiencia de usuarios que han realizado compras con anterioridad.

Como verás, ese contenido es el que los impulsa a tomar la decisión correcta. **Y el hacer un plan de *marketing* enfocado en los medios digitales ayudará a optimizar los recursos de tu empresa y potencializar los resultados que deseas obtener.**

Te comparto algunas estadísticas, publicadas por la Asociación de Internet en México, sobre los hábitos de usuarios en Internet durante el 2018. Nos dejan muy claro el porqué todas las empresas debemos estar en Internet.

Las personas pasan 8 horas 20 minutos al día en Internet.

92% de los usuarios de Internet se conectan por medio de un *smartphone*.

El 42% de los usuarios indican que han modificado sus hábitos por causa del Internet.

Las redes sociales es la actividad más realizada por los usuarios, con un 82% de uso.

Las redes sociales más usadas siguen siendo *Facebook*, con el 99%, y *WhatsApp* con el 93%.

Cada persona, en promedio, tiene 5 redes sociales.

De las 8 horas 30 minutos que pasan las personas conectadas a Internet, 3 horas 31 minutos son dedicadas a las redes sociales.

Después de leer estos datos, es claramente evidente que el Marketing Digital sí es para ti y el porqué debes tener presencia en el mundo del Internet. ¡Es lo de hoy! *Pero...* (Ahí vienen los benditos "peros".)

Hay que aclarar que no tenemos que irnos como el "Borras", es decir, "al aventón" y sin un plan establecido. Este es el segundo error más común en las empresas, pues se sienten presionados por actualizarse, hacen *marketing* sin un plan, ingresan a todos los medios sociales sin saber si son los que necesitan, y creen que, por ya estar *online*, tendrán presencia y ventas mañana. ¡Así no funciona esto!

Tienen que crear un plan de acción, elegir las redes sociales que más se adecúen a las necesidades de la empresa, y generar contenido que a los clientes les guste para así ayudar a promocionar y difundir el valor de la marca.

No te preocupes, todo esto y más lo detallo en cada capítulo, la idea es que te sirva para aclarar todas tus dudas y sepas por dónde comenzar y cómo hacer las cosas bien desde el inicio.

CAPÍTULO 3:
Elige las redes sociales para tu negocio

EXISTEN MUCHOS MEDIOS sociales y, por un momento, pensamos que "debemos" estar presentes en TODAS... Pero, si bien todas las redes sociales sirven para los negocios, no todas son necesarias. Lo destacable de ellas es que los negocios las necesitan para cumplir sus objetivos; lo relevante de ellas es que son una excelente herramienta digital para los mismos.

Aunque existe una gran desinformación entre los dueños de negocio, por lo cual muchos no las están usando. Esto por no saber, por no entender el beneficio que ofrecen a su negocio, por miedo o resistirse al cambio generacional de información.

Lo que sí te puedo decir es que **los recursos digitales se han convertido en el mejor aliado de una pyme,** siempre y cuando tenga objetivos claros y recursos adecuados.

Es increíble hablar con los empresarios que siguen pensando que las redes sociales son una moda que desaparecerá y que, peor aún, no le aportarán vida a su negocio. Prefieren quedarse en su sillón sentados viendo cómo los demás avanzan, mientras ellos siguen resistiéndose a volar.

STEVE STRAUSS, AUTOR Y EXPERTO EN PYMES, DIJO:

"Sin duda, el mayor error que las pequeñas empresas están haciendo en las redes sociales es no usar las redes sociales".

La pregunta se vuelve sencilla: "¿Cuáles son las que debo elegir?", y eso deriva a una más: "¿Cómo sé cuáles son las que debo tener?"

No hay que hacer mucho estudio ni mucho menos ser un gurú en medios sociales para poder elegirlas; simplemente, debemos conocer la propuesta de valor que aportan. Recuerda: no necesitas TODAS, céntrate en las más importantes, las que puedas gestionar, atender y alimentar de contenido, porque tener cinco redes sociales y no poder atenderlas crea una mala reputación a cualquier negocio, y esto es mucho peor que no tenerlas.

¿Mi consejo? Elige no más de dos. En el proceso descubrirás que las elegidas pudieran no ser tus favoritas o pudieras no sentirte cómodo con ellas, pero piensa que son para tu negocio, no para ti.

Suena fácil para quien sabe del tema, pero pensando en quien su conocimiento no sea tan amplio, he creado una guía sencilla con información precisa sobre cada medio para agilizar esa selección especial. Pero primero, pregúntate: "¿Dónde está mi cliente?".

Esta es una pregunta obligatoria para sentar bases en cualquier red social. ¿Por qué? **El objetivo de las redes sociales es su contenido, y el nuestro es nutrir a nuestros fans o seguidores y, finalmente, convertirlos en clientes.** Si nuestro *target* no se encuentra en la plataforma elegida, nuestras acciones habrán sido en vano.

Facebook

(https://www.facebook.com/)

Fundada en 2004, esta es considerada la mejor red social: *el 99% de los usuarios en Internet en México tienen un Facebook*; por ende, es la más usada y la que más seguidores tiene.

Es ideal para negocios de producto o servicio comercial, venta de productos u ofertas con frecuencia, y líderes de opinión en un tema particular (*coach*, consultor, asesor, terapeuta, etcétera.), pues ha desarrollado una plataforma de publicidad pagada muy robusta que permite accionar con muchas plataformas independientes, y esto la vuelve mucho más poderosa.

Te permite colocar imágenes, videos propios o *links*, etiquetar personas, hacer *check-in* de los lugares que frecuentas, colocar emociones, *emojis*, hacer transmisiones en vivo, colocar material en tu historia, colocar publicidad pagada, hacer encuestas, programar citas, una gran cantidad de acciones para interactuar con tu comunidad. Así que no la descartes, pues tiene muchas estrategias comerciales que te permitirán posicionarte fuertemente.

Twitter

(https://twitter.com/)

Si quieres tener contacto con líderes de opinión, esta es tu red social. Fundada en el 2006, esta red social es un medio de escucha; es decir, puedes escuchar lo que las personas comparten para así aportar con tu experiencia y conocimiento ayudando a otros o dando tus puntos de vista. *Los tweets que incluyen alguna foto o imagen tienen 150% más retweets.*

Es la mejor red social para todo aquel líder de opinión, para empresas de servicios profesionales e ideal para hacer relaciones públicas. Para tu negocio, puedes convertirla en tu departamento de atención al cliente por la inmediatez con que fluye la información a través de ella, así como para conocer las opiniones honestas de tus seguidores.

LinkedIn

(https://www.linkedin.com/)

El medio social líder de los negocios desde su inicio. Tengo que reconocer que es mi favorita. Fundada en el 2002, esta red social te permite llegar al público meta, a esas personas o empresas que quieres que sean tus clientes; es decir, el *"buyer persona"* que tanto buscamos. Está dividida por sectores, industrias, puestos, divisiones, etc.

Es como meterse al mar con un arpón para cazar el mejor pez, y eliges entre TODOS los contactos a quien quieres que sea tu cliente: lo buscas, lo contactas, lo trabajas y lo pones en tu lista de prospectos.

A diferencia de Facebook, aquí las personas no solo buscan a otras para hacer contactos, sino para hacer negocios, alianzas comerciales o simplemente compartir sus experiencias. Ideal para que los dueños de negocios interactúen.

Instagram

(https://www.instagram.com/)

Llegó en el 2010 como un simple medio social que captaba momentos en "fotografías", para HOY ser el medio que se perfila para igualar en interacción a Facebook y *se vuelve la favorita entre un nicho de mercado joven, con usuarios entre los 18 y 29 años.* Esto sin dejar atrás a los de 30 y 40 años que, recientemente, se han ido involucrando cada vez más.

Esta red social está revolucionando el *marketing* al promover la gran interacción entre sus consumidores. Sigue preservando su esencia, que es la fotografía, pero ha impactado mucho con sus *Instagram Stories*, que permiten ver en tiempo real lo que otros seguidores comparten.

Ideal para todo tipo de negocio. No quisiera decirlo, pero debe de estar entre tus elegidas. Si tu cliente vive con su *smartphone* en la mano, ¡no la dejes fuera!

Snapchat

(https://www.snapchat.com/)

La red social de los adolescentes, creada en 2011. Aquí los mensajes desaparecen en 24 horas, no son catalogados por relevancia, así es que se necesita mucha creatividad para cautivar a tu público. La comunidad "snapchatera" dedica entre 25 y 30 minutos diarios a usar la aplicación.

Esta red social de mensajería genera mucha conexión con tu público por la cercanía y la honestidad con la que se maneja. Su principal fuente de difusión son los videos cortos y las imágenes a través de filtros.

La manera de fidelizar a sus seguidores es mediante promociones en mensajes privados. Es una red social de todos los días y con alto nivel creativo.

Pinterest

(https://www.pinterest.com/)

La colección de imágenes más grande en Internet. Fundada en 2010, esta red social es ideal para aquellas empresas que manejan catálogos de productos, ya que te permite subir individualmente y agrupar por categorías con descripción, creando así un acceso virtual para cualquier seguidor.

Como la red social te permite colocar enlaces, tú puedes poner tu página web o tienda en línea y hacer que tus seguidores visiten tu sitio y hagan compras *online*. Por eso es ideal para impulsar tu tienda virtual.

Puedes utilizarla como gancho en tus contenidos, mientras más atractiva sea tu fotografía, mayor interacción habrá con tu negocio. *Su público, en su mayoría, son mujeres, quienes abarcan el 68.2% de su mercado activo diariamente.*

YouTube

(https://www.youtube.com/)

Considerada la videoteca más grande del mundo, inició en el 2005. Su formato es video, ideal para cualquier tipo de empresa que esté consciente que su contenido se tiene que hacer en dicho formato. *Todos los días se ven más de 5 millones de horas de noticias, al ser el tercer sitio más visitado del mundo, acaparando más del 10% del tráfico de Internet.*

Para ayudar a los usuarios, la misma red social ha lanzado herramientas de utilidad para facilitar la elaboración de videos desde el celular. Cada vez hay más *apps* que te ayudan con esta parte, evitando tener que contratar proveedores para su producción.

Si te fijas, no es tan difícil decidir sobre una red social cuando la conoces más, solo necesitas hacerte las preguntas correctas para poder decidir. Si conoces a tu cliente, será mucho más fácil encontrar la mejor alternativa para ti, y si aún no sabes sobre él, comienza a hacer ese arquetipo (perfil) de cliente ideal, para que puedas elegir la mejor red social para tu negocio.

TikTok

(https://www.tiktok.com/)

Creada en el 2016 por la firma china de tecnología ByteDance, es una app de redes sociales que permite grabar, editar y compartir videos cortos (de 15 a 60 segundos) en *loop* y con la posibilidad de añadir fondos musicales, efectos de sonido y filtros o efectos visuales.

En su inicio parecía que solo sería una app de entretenimiento con videos chistosos... pero poco a poco las marcas empezaron a ser más creativas y a posicionarse en ella. En el 2020 se fue abriendo camino, 315 millones de personas descargaron la aplicación los primeros tres meses de 2020 y tan solo en el mes de abril sus cifras de ingresos aumentaron 10 veces, alcanzando 78 millones de dólares.

Hoy en día, TikTok cuenta con 1.190 millones de usuarios activos en todo el mundo, esto la pone como una de las favoritas de los usuarios de redes sociales.

Una de las grandes ventajas que tiene para los usuarios es que puedes empezar solo con videos con la gama de efectos que posee la app y con la práctica empezar a utilizar los diferentes tipos de videos que puedes realizar. Yo siempre he dicho que para esta app la creatividad no tiene límites.

Clubhouse

(App disponible en IOS y Android)

Clubhouse es una red social de chat de audio lanzada en 2020 por Alpha Exploration Co. En diciembre de 2020.

Es una red social que **funciona prácticamente como una mesa redonda,** es decir, se crean salas de audio en las cuales se puede hablar absolutamente de cualquier tema, siempre y cuando esté relacionado con el tema seleccionado en la misma sala. Actualmente tiene **cerca de un millón de usuarios activos en salas de audio,** las cuales cuentan con moderadores designados, para que se pueda seguir un cierto orden en las participaciones de las personas que están dentro de estas. Es una **red social muy privada, en la cual solo se ingresa mediante invitaciones personalizadas.**

¿Qué la hace tan atractiva? Que es solo una app de audio, no hay texto ni imágenes, y lo mejor de todo es que puedes escuchar a grandes marcas o personalidades, lo que da pie a volverse una app que puede permitirte expandirte y que más personas te conozcan. Es increíble para consultores, instructores, *coaches* **o personas que quieren ser un referencial en su industria.**

Podcast

Los podcasts son una serie de episodios grabados en audio y transmitidos *online*. Estos pueden ser grabados en diferentes formatos, siendo más comunes las entrevistas entre invitado y presentador y grabaciones individuales donde el presentador (o presentadores) comenta sobre un tema específico. Siempre debe de haber un tema que dé pie a la grabación.

El audio marketing ha revolucionado el mercado digital desde su inicio, esto ocurre porque el comportamiento del consumidor, que está en constante transformación, exige que las empresas adopten nuevas estrategias de hacer marketing que vayan de acuerdo a sus nuevos comportamientos e intereses.

Si ayer leer un artículo de cinco minutos en un blog era algo mucho más accesible que leer una revista física, hoy escuchar este mismo contenido en formato de audio es mucho más práctico que una lectura.

Y esto se debe a que, en la actualidad, estamos dentro de un escenario en el cual consumir está totalmente conectado a la **tecnología, accesibilidad y practicidad.** Por tanto, los podcasts surgen como una opción que le garantiza al escucha la conexión con todos estos puntos.

Así es que piensa bien en tus estrategias de marketing, ya que un podcast puede ser un buen impulso para tu marca.

CAPÍTULO 4:
Estrategias exitosas

Es bien sabido que el éxito de los negocios depende de lo que haces (o no haces) para promocionar tu negocio. En Marketing Digital pasa lo mismo. **El éxito de tu negocio dependerá de lo que haces o dejes de hacer en el entorno digital.**

Lo primero que tenemos que hacer es definir qué es una estrategia: "Serie de acciones muy meditadas, encaminadas hacia un fin determinado".

La palabra, ya como tal, intimida y hace pensar que debemos hacer algo complicado, pero pongamos una definición que entendamos con mayor claridad. Estrategia "es toda acción que realizamos para alcanzar un objetivo".

En Marketing Digital necesitamos mucho de las estrategias para accionar, sin ellas no podemos cumplir nuestros objetivos. De nada sirve tener accesos en Internet, medios digitales y página web si no hay estrategias detrás. Y es muy probable que tengamos que utilizar varias para conseguir uno o varios objetivos.

Ya que tenemos aclarado el punto de qué es una estrategia, es más fácil entender lo que debemos hacer para crear estrategias que vuelvan exitosa nuestra empresa.

Dependiendo de los objetivos que quieras alcanzar, serán las estrategias que debes elegir, y de nuevo nos encontramos en un proceso de elegir qué hacer, y pensarás "¿Cómo elijo si no sé ni cómo hacer las cosas?". Tranquilo, de eso se trata este libro: de tener todo lo necesario para hacerlas sin tener conocimientos profesionales en la materia.

Al igual que cada red social, cada objetivo tiene sus propias acciones. Empecemos por enumerar algunos objetivos y con base en ellos te diré qué tipo de acciones tomar, así te será más fácil implementarlas.

El éxito de una estrategia se basa en tener bien claro al público a quien le vas a hablar y qué tipo de contenido debes presentarle (video, imagen, promoción, material descargable, etc.)

Analiza bien el problema que le vas a resolver, elige el canal más adecuado para lanzarlo y determina el tiempo que estará vigente.

1. Objetivos para crecer la red social

Cuando hablamos de buscar crecer la red social, conseguir más likes o más seguidores, tratamos de buscar estrategias que nos permitan aumentar nuestras comunidades. Recuerda que según las redes sociales que elijas, se generan estrategias adecuadas para ellas.

Por ejemplo:

- Publicaciones de contenido de valor que le permitan al usuario hacer clic con la página y compartirlo en sus redes sociales

- Regalar material descargable

- Hacer una transmisión en vivo con un tema específico que deje valor en tu comunidad

- Generar una acción sin costo, como una sesión, un producto, un descuento, publicar videos, o dinámicas de giveaway (concursos), las cuales son muy aclamadas por las comunidades sociales

A todas estas acciones puedes generarles un impulso con publicidad pagada, así garantizas llegar a más personas.

2. Objetivos para fidelización de marca

Cuando hablas de fidelizar al *fan* o seguidor, las estrategias van en función de hacer que ellos amen más tu marca.

Por ejemplo:

- Planes de lealtad (son los más eficientes)

- Promociones exclusivas para ellos, como derecho a tener un producto o servicio de menor costo por cliente recomendado, etcétera.

- Entregar material descargable

- Derecho a estar en grupos cerrados de *Facebook* solo para clientes VIP donde facilites material inédito

Estas estrategias también las puedes impulsar con publicidad pagada que solo se genere entre los seguidores de la página.

Si tienes alguna plataforma de CRM (Customer Relationship Manager) instalada con la red social, puedes generar estrategias mucho más específicas por medio de la segmentación que la plataforma te da.

3. Objetivos para generar ventas

¡La más importante! Estas pueden ser las más sencillas o las más difíciles de hacer, dependiendo de cómo las queramos ver. Estas estrategias pueden ser desde simples promociones de tus productos o servicios, hasta más elaboradas y que requieran varios pasos para generar la venta. Sonó complicado, pero la verdad es que solo basta con hacer varias acciones juntas. Recuerden: a las personas no nos gusta que nos vendan en redes sociales, es por eso que debemos pensar muy bien estas estrategias.

Lo más importante para venderle a las personas en redes sociales es saber tres cosas: "¿Qué necesitan?, ¿Qué les falla?, ¿Qué les duele?".

Esta última es una expresión muy común en ventas. Normalmente, cuando estás ante un cliente potencial, empieza por darte una larga lista de quejas, problemas, situaciones difíciles por las que está pasando...

Y tú debes tener soluciones para TODAS ellas; así lograrás ser el proveedor perfecto, y él tu cliente ideal. **Esa es la clave de las ventas: enfocar nuestros productos y servicios a ser soluciones de los problemas de nuestros clientes.**

Si ya tienes identificado eso, te será más sencillo hacer estrategias para tus *fans* y seguidores. Si eres consultor, *coach* o empresa de servicios, puedes ofrecer una transmisión en vivo donde compartas el problema más grande al que te has enfrentado, cómo lo resolviste, y allí ofertar tu producto o servicio. Esto, más ofrecerles un programa de lealtad con grandes beneficios, impulsará tus ventas.

4. Objetivos para llevar tráfico a tu sitio web

Una página web no atrae un buen volumen de visitas por sí sola, a menos que llevemos a cabo estrategias enfocadas a aumentar el tráfico web. De nada sirve tener la web más bonita del mundo si luego no hacemos nada para darla a conocer.

Con campañas de Google Adwords, puedes poner publicaciones en tus redes sociales con la llamada a la acción hacia tu sitio web. Hacer *hashtags* también es parte de una estrategia que sirve para ser relevantes en las redes sociales. Igualmente, recuerda que las estrategias *offline* ayudan para ser relevante en tus redes, como pedirle a tus clientes que hagan *check-in* en tu establecimiento, que hagan uso del *#hashtag* de tu evento, que te etiqueten en las fotos para lucir tu *branding*.

Si te fijas, no es tan difícil hacer estrategias una vez que conoces los objetivos y las acciones que puedes realizar. Puedes ser tan creativo como quieras, y el límite serán tus recursos, no solo económicos, sino totales: creatividad, innovación, astucia, promoción...

¡Así que es momento de crear estrategias exitosas para tu empresa!

CAPÍTULO 5:
Marketing de contenidos

Y SEGUIMOS CON LOS CONCEPTOS: ahora, hablaremos del Marketing de Contenidos (*Content Marketing*). Esta frase la has de escuchar mucho, pues se ha puesto muy de moda en el vocabulario de todas las personas que conocen de Marketing Digital. Pero no te espantes: no es otra forma de hacer *marketing*, es simplemente el arte de hacer que los contenidos (lo que publicas) venda o tenga un resultado de acuerdo con tu objetivo.

La estrategia que lleva implícita el Marketing de Contenidos es aportar valor a quien lo ve; es decir, que le deje algo al consumidor, ya sea que le resuelva un problema, le aporte información relevante, le dé una idea clara de lo que haces, etc.

En pocas palabras, le da valor a tu consumidor, *fan* o seguidor sin pedirle nada a cambio. De esta manera, obtienes seguidores, *fans*, suscriptores o tráfico a tu sitio web.

El marketing tradicional habla a las personas, el marketing de contenidos habla con ellas.

DOUG KESSLER

Esta práctica tiene grandes beneficios para los negocios, ya que los une con su comunidad, les permite conocerlos, y saber qué piensan, qué buscan y qué necesitan.

La parte más importante del Marketing Digital es conocer a tu público, y el Marketing de Contenidos te lleva a eso.

Otro de sus beneficios es que generas confianza, empatía y mejor alcance, ¡puedes llegar a muchas más personas que con una promoción!

La idea es convertir *fans* y seguidores en *leads* y, con esto, incrementar la visibilidad de la marca, hacer *branding*, y generar un incremento de ventas. Todo esto y más lo puedes conseguir a través de esta práctica, para la cual te dejaré una guía simple de los diferentes tipos de contenidos que puedes utilizar y las mejores prácticas para que las puedas llevar a cabo.

Cuando hablamos de Marketing de Contenidos y de generación del mismo nos referimos a:

- Imágenes-Infografías-Videos
- *Webinars*
- Guías/tutoriales
- Revistas/*newsletters*
- Entrevistas
- *Live streamings*
- *E-books*
- Plantillas de trabajo/presentaciones
- *Whitepapers*
- Juegos/aplicaciones móviles (*Mobile apps*)
- Publicaciones de artículos que ayuden a los usuarios a solucionar un problema

Una vez que se generan las piezas de comunicación antes citadas, se hace un plan de acción para aplicar las estrategias adecuadas y elegir los canales para su difusión, así como la periodicidad de las mismas. Una vez puestas en circulación, hay que medir los resultados para saber qué sucede, lo cual abordaremos en los últimos capítulos.

Hasta aquí, hablar de teoría suena muy bonito, pero es más importante saber aplicarla. A continuación, recomiendo ideas para creación de contenido dependiendo del objetivo trazado:

- Si estás pensando en un **objetivo de generación de tráfico a tu sitio web**, utiliza un *blog* con material descargable.

- Para un **objetivo de crecer la red social** puedes hacer un *live streaming* en *Facebook* o *Instagram* sin costo, una charla no mayor a 20 minutos donde expongas tu metodología de trabajo. Esto ayudará a crecer tus comunidades virtuales.

- Para el **objetivo de generar *leads*** (prospectos calificados para hacer una compra), realiza una publicación donde plantees un problema y cómo lo solucionarías, esto lo puedes poner con imágenes, video, tutorial... La creatividad es tu mejor manera de abordar a tus comunidades. Esto atraerá personas muy interesadas en ti, y si les das material descargable o un descuento al adquirir tu producto o servicio, aumentarás la posibilidad de conversión a venta.

- Si solo deseas el **objetivo de crear comunidad de personas interesadas en tu producto o servicio**, pero que no realizarán una compra en el corto plazo, utiliza contenido que les genere esa necesidad, como publicaciones de beneficios que ofrece tu empresa, exponerte en video como un experto en el ramo, habla de la marca y el respaldo del negocio, así lo mantendrás cautivo para después hacer otras publicaciones que generen a los usuarios el interés de pedir información detallada para convertirse en venta.

Segmentación del contenido

Una vez que tengamos definidos los contenidos, los segmentamos o seleccionamos por temas; es decir, si quieres hablar del negocio, etiquétalo como **"Institucional"** y en ese tema puedes hablar de la trayectoria, los beneficios que ofrece, el respaldo que tienes como marca, todo aquello que te haga fuerte ante tu posible cliente.

Otro tema sería **"Producto/Servicio"**: en este tema colocarás todas las publicaciones que tengan que ver con los beneficios del producto o servicio, las ventajas, los problemas que resuelve, etc.

Otro tema es **"Promociones"**, allí colocarás tus ofertas o descuentos que tendrás en el mes. Otros temas pueden ser tu *blog*, temas de interés compartido de otras páginas, **frases** que vayan de acuerdo con la empresa, fechas importantes como **efemérides**; igualmente, entran los videos que se producirán, los *lives*, todo lo necesario para producir contenidos.

Periodicidad del contenido

Ya que tenemos nuestra temática definida, hay que decidir la periodicidad con la que publicaremos en cada red social. Esto dependerá de tu público. Si no tienes la estadística, te puedo ayudar con algunas acciones generales, pero te diré que esto lo estableces tú de acuerdo con el comportamiento de tus comunidades, lo cual es a prueba y error.

Te sugiero empezar publicando mínimo tres veces por semana y en el corto tiempo (un mes) revisa el comportamiento para que, de acuerdo con eso, hagas modificaciones. Quizás tengas que aumentar los contenidos o reducirlos. Yo puedo asegurarte que, si das contenido de valor que al público le interesa, puedes llegar a publicar todos los días hasta tres veces al día y no cansas a tu audiencia. En cambio, si tu contenido no aporta, dejarán de seguirte.

Ahora, hay que colocar todo el contenido en un calendario para que sepamos lo que se va a publicar cada día y qué se colocará en cada red social. De esta forma, sabrás qué está pasando exactamente con tu marca en Internet.

1. Coloca en tu calendario los temas que usarás y el tipo de contenido que se elaborará. Por ejemplo:

2. En una semana, de lunes a domingo, para *Facebook* se publicarán tres veces: los días a elegir son lunes, miércoles y sábado.

3. El lunes vamos a colocar un video donde se hable del programa de ocho semanas.

4. El miércoles vamos a poner el tema institucional (este hablará de la empresa), colocaremos una imagen representativa, y hablaremos del respaldo que tenemos con nuestra eperiencia de más de 10 años en el mercado, siendo líderes en nuestro sector.

5. Y el sábado, colocaremos una frase que tenga que ver con el programa de ocho semanas.

Si te fijas, todo lleva una relación, porque lo que queremos es impulsar el incremento de ventas de nuestro programa de ocho semanas. Así, harás tu calendario para cada red social. Esto te permitirá un control exacto de tu marca. Puede parecerte mucho trabajo, pero créeme: al principio lo será; con el paso del tiempo, si lo haces mensualmente, resultará muy práctico y muy útil establecerlo a detalle.

La manera de calendarizar el contenido es como todo: entre más detalle lleve, mucho mejor; es decir, temas, piezas de comunicación, días, horarios, cuál llevará publicidad pagada y cuánto (a esto le decimos "pauta digital") y el resultado que debe de tener. Esto te servirá para dotar de autonomía tu empresa: cualquier elemento de tu equipo de trabajo lo entenderá o, bien, podrá ejecutarlo sin ti.

No es tan difícil como parece, solo es cuestión de manejarse bajo una estructura y actuar sobre la misma. Te reitero: para que todo esto tenga éxito es importante trazar objetivos muy claros y, sobre todo, conocer a tu cliente o a quien quieres que sea tu cliente.

CAPÍTULO 6:
Publicidad pagada y presupuesto

LLEGAMOS A LA PARTE álgida del proceso: cuando nos hablan de dinero. Si se trata del de los demás suena interesante, pero si se trata del *nuestro*, ya no nos gusta la idea, menos cuando analizamos y vemos que la parte del Marketing Digital realiza acciones, en su mayoría, sobre plataformas SIN COSTO, lo cual podrá generar mucho ruido en nuestra cabeza y no nos dejará pensar con claridad.

Aquí, lo primero que tenemos que hacer es cambiar las palabras para que nos hagan más sentido: dejemos de decir que "gastamos" en publicidad y mejor utilicemos la palabra "invertir" en publicidad. De esta forma, nuestros pensamientos se tornan menos ofensivos y sugieren interés.

Cuando nos hablan de invertir, sabemos que vamos a recibir algo a cambio, un retorno de inversión (ROI), lo cual es bastante placentero si beneficia nuestro negocio.

Ahora, lo segundo que debemos hacer es centrarnos en los elementos iniciales a invertir y, sobre ellos, generar un presupuesto integral que nos permita saber en dónde estamos parados y cuánto dinero requerimos para generar dicha inversión inicial.

Enlistemos los puntos más importantes:

- **Sitio web.** Este lleva varios costos: dominio, hospedaje y creación del mismo, por mencionar los básicos.

- **Imagen corporativa.** Tu logotipo y piezas de comunicación como *flyer* electrónico, presentación, etc.

- **Acciones impresas.** Tarjetas de presentación *flyers* generales, folders, trípticos... Mi recomendación es que diseñes aquellos enfocados más en el mundo digital. También imprime solo lo que vayas utilizando; acércate a lugares que realicen excelente trabajo de impresión digital y conviértelos en tus proveedores de confianza.

- **Publicidad pagada.** Los ya mencionados *Ads;* contempla solo las estrategias que utilizarás, es decir, de las redes sociales que vayas a elegir. Te recuerdo que, aunque las redes sociales son gratis, no se mueven solas: es necesario hacer uso de la publicidad pagada para generar impulsos.

- *Community Manager.* Esta es la persona que manejará tus redes sociales, vaya, realizará el *community management.* En caso de no requerir este puesto, considera que tú puedes hacer este trabajo.

Debemos centrarnos en lo indispensable y generar solamente acciones que verdaderamente nos ayuden a crecer para incrementar el presupuesto en la medida que incremente la demanda en nuestro negocio.

Yo te doy solo lo que necesitas para empezar y mantenerlo, tú puedes adicionar otras más, como un diseñador gráfico, pagar plataformas en Internet que te permitan automatizar o eficientar tu trabajo... Pero debo decirte que, de inicio, no es necesario hacer esas gestiones automáticas, ya que primero buscamos tener contacto con las comunidades, conocerlas, interactuar con ellas y generarles confianza.

Al igual, te recomiendo buscar a los mejores proveedores para que tengas un buen desempeño y un gran arranque. Si bien queremos buscar las 3B's (Bueno, Bonito y Barato), muchas veces terminamos con la recomendación del hermano del amigo, la prima del sobrino, la hija del compadre... En fin, mi opinión es que busques empresas que, como tú, están empezando y también procuren establecerse como negocios serios y responsables, ya que tu trabajo se puede ver mermado en el tiempo por la falta de experiencia o seriedad de tus proveedores.

Vale la pena invertir y pagar un precio justo por el trabajo que estamos recibiendo, que buscar un ahorro que pueda traer dolores de cabeza a largo plazo, sobre todo con los que te hacen el sitio web.

Una vez establecido el monto de los rubros del sitio web, identidad y acciones impresas hay que pensar en el más importante: el presupuesto que vamos asignar para la publicidad pagada.

Establecer un presupuesto puede generarte malestar si es la primera vez que lo realizas, pues a pesar de que existen muchas formas de hacerlo, implica trabajar con elementos que, muy seguramente, aún no generas porque quizás no has invertido en medios digitales y no existe tal historial. O quizás si la hay, pero no tiene un plan de trabajo; por ende, no está estructurada y nos puede arrojar datos muy fuera de la realidad.

Para establecer un presupuesto de **Google Adwords**, lo más importante que tienes que establecer es el alcance que se genera con base en palabras, el modo de búsqueda, la cantidad de clics promedio que se pueden generar, el número de impresiones promedio... Hay un sinfín de factores que ayudan a generar este presupuesto, el cual puedes establecerlo junto a un asesor certificado de *Google* que te dará la mejor opción a presupuestar, según los parámetros antes mencionados.

Yo sugiero contratar las campañas de Google Adwords con expertos certificados en la materia para que tengas los mejores resultados. Pero si lo quieres hacer tú, mi recomendación es tomar un curso con un instructor certificado o, bien, buscar tutoriales en Internet. Pero, honestamente, ¡mi experiencia me dice que no quieres quedarte toda la vida haciendo estas campañas! Entonces, contrata a un experto y permítele hacer un excelente trabajo con tu negocio.

Para el presupuesto de **medios sociales que utilizan publicidad pagada**, revisa los objetivos que quieres conseguir y, con base en ellos, establece un presupuesto para cada una de ellas. La forma más sencilla de hacerlo es considerar la cantidad de clientes que quieres atraer por cada red social.

Determina cuánto te cuesta un cliente con lo que haces hasta hoy de publicidad tradicional y multiplícalo por la cantidad de clientes que quieres generar: ese será tu presupuesto. Suena muy bobo, pero es la forma más sencilla de hacerlo, y mucho más cuando no hay historial de inversión en redes sociales.

La publicidad pagada en redes sociales es mucho de prueba y error, porque los factores que influyen en una compra son muy variados en comparación al *marketing* tradicional. Si quieres, puedes designar un 10% del presupuesto total de *marketing* del año pasado probar y medir, "lo que no se mide, no se controla". Así podrás comprender tú mismo el ROI (retorno de Inversión) que estás generando.

Lo que sí te puedo decir es que la inversión es mucho menor que en cualquier otro medio de publicidad que quieras usar. Por ejemplo, desde 20.00 pesos diarios puedes generar crecimiento de comunidad o interacción con tus *fans* o seguidores e, incluso, hasta *leads* calificados, todo en función de la inversión promedio.

En mi experiencia, he logrado que un cliente consiga un promedio de 20 citas, más de 50 personas pidiendo informes y un crecimiento de más de 100 *likes* orgánicos para su negocio de terapias alternativas, con solo invertir 300.00 pesos en cinco días. Como te digo, todo depende de tus objetivos y de lo que quieras alcanzar.

No tengas miedo de invertir en tu negocio, créeme que tendrás grandes satisfacciones, **¡hazlo con decisión y llegarás muy lejos!**

CAPÍTULO 7:
Medición de resultados y KPIs

Y **O SÉ QUE, PARA MUCHOS,** los datos, las estadísticas, las barras y los números no son de su total agrado, pero sé que, para otros, son la forma de saber si su trabajo está dando resultados. Y debo decirte que esta parte es de las más determinantes, porque nos permite saber a ciencia cierta el rumbo que nuestro negocio está tomando.

Lo primero que debemos hacer es entender el concepto de medición y saber qué son los KPIs. Cuando hablamos de medir resultados, es algo así como sacar la cinta métrica y ponernos a medir los pasos que nuestro negocio dio a lo largo de un tiempo determinado en los canales que definimos para su difusión. **Así de sencillo es: revisar cada una de las acciones que realizamos, el impacto que causaron en nuestro público y, de allí, determinar el resultado.**

Los KPIs son mejor conocidos como los indicadores de desempeño (*Key Performance Indicators*); en palabras más sencillas, son los puntos o señales que dejas en un camino para que todos lleguen al mismo lugar. Así, podemos definir a los KPIs como las métricas que nos permiten conocer el rendimiento que tuvieron nuestras estrategias.

Lo mejor será que revises los resultados por estrategia, esto te permitirá obtener un resultado más detallado de cada una de ellas y, por consiguiente, una respuesta muy robusta de información. Todo suena muy fácil, pero... ¡Siempre hay peros! "¿Y cuáles son los **KPIs que debo analizar?**" Lo sé, es la pregunta obligada que pasa por tu cabeza y, con ella, piensas en que son formas complicadas... Pero te vas a sorprender cuando leas, realmente, esos KPIs que tienes que analizar en tus estrategias de los que tanto hablo.

Si quieres medir los KPIs de tu **sitio web** y tu *blog*, los datos que tienes que sacar son:

- Sesiones totales
- Usuarios
- Páginas únicas visitadas
- Número de conversiones (*leads*)
- Fuentes de conversión
- Sesiones por fuentes, canales sociales, dispositivos, campañas, etc.

Cuando hablamos de medir el **SEO**, nos referimos al:

- Tráfico orgánico
- Sesiones y tiempo de permanencia (promedio) por tipo de usuario (nuevo y recurrente)
- Sesiones por canales de tráfico y tiempo de permanencia
- Porcentaje de conversiones por canales de tráfico
- Páginas más visitadas y tiempo de permanencia (promedio)
- Sesiones orgánicas por palabras clave
- Conversiones de tráfico orgánico y pagado
- Páginas con mayor número de conversiones

Al momento de medir tus redes sociales, ya estás pensando: "esas serán fáciles", pues cada red social ya te arroja sus estadísticas, pero realmente debes buscar la interpretación y realizar tus propias estadísticas para poder tener mejores números. Lo que deberás medir en ellas es:

FACEBOOK

- Número de *fans*
- Alcance orgánico
- Nivel de interacción
- Acciones en la página
- Clics en la llamada a la acción de la página
- Clics en el sitio web
- Índice de respuesta en *Messenger*
- Tiempo de respuesta en *Messenger*
- Conversiones realizadas

INSTAGRAM

- Número de seguidores
- Alcance de publicaciones
- Número de impresiones
- Visitas al perfil
- Clics en el sitio web
- Publicaciones más destacadas
- Vistas a las historias

TWITTER

- *Número de seguidores*
- *Visitas al perfil*
- *Número de tweets*
- *Número de menciones*
- *Impresiones*
- *Retweets*
- *Tweets con alcance al perfil*

YOUTUBE

- *Tiempo de visualización*
- *Duración media de las reproducciones*
- *Porcentaje medio reproducido*
- *Retención de audiencia*
- *Ubicaciones de reproducciones*
- *Fuentes de tráfico*
- *Interacción de la audiencia*
- *Número de suscripciones*
- *"Me gusta" y "No me gusta"*
- *Comentarios*

LINKEDIN

- *Número de contactos*
- *Alcance de las publicaciones*
- *Inbox recibidos*
- *Interacción con las publicaciones*
- *Conversiones*
- *Leads generados*
- *Comentarios*
- *Vistas a videos*

Si estás haciendo campañas de E-mail marketing (envío masivo a tu base de datos) son pocos los datos, pero vale la pena echarles un vistazo:

- *Tasa de apertura*
- *Tasa de clics*
- *Número total de aperturas*
- *Número de clics*
- *Tasa de rebote*
- *Cancelaciones*
- *Reenvíos*
- *Correo considerado "spam"*
- *Principales enlaces cliqueados*
- *Ubicaciones*

Como puedes darte cuenta, hay mucho que analizar y medir. Ayúdate de las estadísticas que te dan las plataformas para tener la mayor cantidad de datos posibles. Revisa esta guía y compara los números; si por alguna cuestión te faltan datos, búscalos de forma manual para poder tener todos los KPIs. Al principio, te podrá resultar un poco complicado, pero conforme avances, te darás cuenta que es mucho más sencillo de lo que estás pensando y lo realizarás en menos tiempo. De todo lo anterior, considera que es importante sacar el número de ventas netas concretadas y la inversión realizada de todo este análisis, para establecer el nuevo costo por cliente y así proyectar el presupuesto a mayor escala.

Si quieres centrarte solo en lo más importante y no en el detalle, te dejo los **7 KPIs básicos.** Estos te darán la pauta para meterte a detalle en cada uno de ellos y saber cómo se encuentra tu negocio en Internet.

1. Número de seguidores y *fans*

2. Datos demográficos y ubicación

3. Número de seguidores activos (*engagement*)

4. *Shares* sociales (número del botón "Compartir" que tuvieron tus publicaciones)

5. Comentarios

6. Menciones

7. Tipo de contenido (qué contenido es el que más ven, foto, video, descargable, etcétera)

CAPÍTULO 8:
Plan de Marketing Digital

SI YA LLEGASTE HASTA AQUÍ, querrás saber cómo estructurar todo lo anterior que acabas de leer. Ya vimos a fondo todo lo que un plan de *marketing* debe tener; ahora, es momento de comenzar a crearlo.

Esta es la pregunta que muchos dueños de negocio, jefes de área y emprendedores se hacen aestar cara a cara con su producto o servicio: "¿Cómo lo voy a dar a conocer?"

Muchas personas piensan que el Marketing Digital solo se centra en "redes sociales", pero realmente va muchomás de solo usar *Facebook* o *Instagram*. Por muy chica que sea tu empresa o negocio, debes tener un plan de trabajo.

Muy frecuentemente, vemos los esfuerzos en Marketing Digital que hacen las empresas o los emprendedores y cómo estos no llegan a tener un resultado óptimo por falta de estructura y contenido. Dichos resultados no se podrán obtener si no existe un plan de trabajo.

Repasando anteriormente, uno de los errores más grandes que cometen las pymes es abrir a diestra y siniestraperfiles en redes sociales sin siquiera saber si son las que deberían usar; al no tener un objetivo, carecen de estructura, lo que los lleva, en la mayoría de los casos, alfracaso.

Te recuerdo también que aunque las redes sociales son gratis, la gestión de ellas y la publicidad dentro de ellas no. Por eso, determina un plan para medir resultados y tener un control de todo lo que se publica en ellas y de cada paso que se dé en Internet.

Un plan de *marketing* es muy simple de hacer, solo requiere poco tiempo para elaborarlo. Empezando por tener bien claros los resultados que se buscan conseguir, te ayudará a medir con más agudeza los resultados. Te ayudaré a realizarlo en cinco pasos:

Paso #1 Análisis

Lo primero que debes hacer es un análisis de la situación; esto es, analizar todos tus canales de comunicación desde sitio web, redes sociales, estadísticas del año o periodo anterior, publicidad digital, *e-mailing*, bases de datos internas, etcétera. Todo esto es importante tenerlo al día para contemplarlo al momento de establecer el plan de trabajo del siguiente periodo.

Después de haber hecho un análisis de la situación en la que nos encontramos, hay que analizar a la competencia: ¿Qué está haciendo?, ¿dónde está presente? Todo lo que nos ayude a tomar decisiones sobre nuestros siguientes pasos.

Y, como tercer punto importante, es analizar la situación del mercado y la industria para tener un panorama del entorno en donde nos moveremos y las posibilidades que tenemos de concretar nuestros objetivos.

Y, para concluir tu análisis, revisa tu FODA (Fortalezas, Oportunidades, Debilidades y Amenazas,). Esto te servirá para mejorar áreas y volverte más competitivo con tu nuevo plan de *marketing*. A través de este análisis, tendrás una visión completa del mercado, los recursos, la competencia, puntos fuertes y débiles.

Ya que definimos cómo es nuestra situación actual, sigue definir a nuestro cliente ideal: nuestra *buyer persona*, nuestro *target*, las que compran nuestro producto o servicio. Importantísimo saber, ¿quién es nuestro público, nuestro consumidor? ¿Qué tipo de *fans* buscamos atraer para vender nuestro producto o servicio? Aquí, hacer un perfil o varios perfiles de nuestro consumidor es necesario para saber si son hombres, mujeres; sus edades, tipo de intereses, dónde nos situaremos geográficamente... Esto definirá nuestras campañas pagadas más adelante y nos permitirá saber en dónde lo encontramos, qué necesidades tiene, qué interés tiene, dónde se localiza, qué edad, de qué ciudades, estados o países, su estado civil, sus estudios. Todo es importante, entre más detalle tenga tu definición, más fácil será encontrarlo.

Todo esto te podrá resultar exagerado para una pyme, pero, créeme: es necesario para tener un buen resultad. No solo porque es importante para conseguirlos, sino porque para ti, dueño de negocio, emprendedor, empresario, o responsable de este departamento, conocer a fondo el proceso que debe llevarte dará control y, por consiguiente, aprenderás a medir.

Paso #2 Objetivos

Para poder comenzar a elaborar tu plan de *marketing*, debes establecer objetivos SMART (eSpecífico, Medible, Alcanzable, Realista y con un Tiempo determinado). Tu objetivo puede ser tan simple como "vender" o "incrementar seguidores". Te recuerdo que el tiempo de alcance mínimo es de 3 meses y máximo de un año, y aquí viene lo interesante: **Otro de los errores que cometen las pymes es pensar que solo las grandes empresas requieren marcar objetivos de este tipo para lograr resultados.**

Yo sé, y lo he dicho antes: como todos, tu objetivo fuerte es VENDER, pero *¿cuánto más es vender más?* Tienes que ser muy específico para así controlar los resultados y medirlos. Si desde el inicio no especificas a detalle esto, no sabrás cuál es el resultado real de tu esfuerzo en *marketing* y seguirás navegando a la deriva.

Recuerda que puedes trazar diferentes objetivos; de hecho, debes tener varios, sobre todo para cada acción que quieras generar. Si quieres aumentar tus comunidades, haces objetivos para esa acción; para atraer ventas directas, es otro objetivo... Y así, sucesivamente. Ahora, te dividiré los objetivos en acciones para que puedas marcarlos más fácilmente. Para que tu plan abarque todos los puntos del Marketing Digital, es necesario marcar objetivos para:

- *Branding*: Dar a conocer el negocio, los productos y servicios.

- *SEO*: Optimizar el sitio web y aumentar el tráfico orgánico y pagado.

Leads: Seguir construyendo una base de datos sólida para que esta impulse a más acciones de marketing.

- Ventas: Aumentar las compras de nuestro producto o servicio.

- Retención y fidelización de clientes: Analizar nuestra relación con los clientes y, por medio de estrategias específicas, hacer que regresen más veces a realizar una compra.

- Crecimiento de comunidades: Hacer que cada canal de comunicación tenga un crecimiento adecuado para seguir impulsando nuestros productos o servicios.

Te sugiero esta base general para comenzar a trabajarla a detalle, ejemplo: si quieres aumentar ventas, tu objetivo lo afinarás así: "Incrementar un 20% las ventas de nuestro programa de ocho semanas en tres meses".

Esto es de lo que hablo, de ser específico, y lo puedes hacer para cada red social o canal de comunicación; así podrás tener un panorama mucho más amplio de lo que estás haciendo.

Tenerlos así te ayudará a elegir mejor tus canales de difusión y a crear los contenidos adecuados con las mejores estrategias para alcanzarlos con mayor rapidez. Así, como he dicho antes, TODO cuenta a la hora de hacer un plan de *marketing*.

Paso #3 Estrategias

Esta es la parte más divertida del plan, aquí debemos empatar todos los puntos. Recordemos que las estrategias son las acciones que nos van a llevar a conseguir los objetivos, así que, para poder hacer esta unión, debemos tener muy presentes los objetivos que trazamos para definir cada acción sobre ellos.

Aquí es donde nuestro Marketing de Contenidos se vuelve el principal factor para determinar acciones y alcanzar nuestros objetivos.

Pongamos otro ejemplo: hablando de redes sociales, si nuestro objetivo es "Incrementar 20% las comunidades que tenemos en tres meses", nuestras acciones deben estar encaminadas a conseguir este resultado. Entonces, la estrategia para *Facebook* será publicar un post que nos permita entregar un material descargable para los *fans* de esta red social; y, para impulsar la descarga, le colocaremos un pequeño presupuesto. Entre más personas lo descarguen, tendrá mayor visibilidad, llegará a más personas, y nos dará como resultado más *likes* en nuestra página. Es así como trabajaremos cada uno de nuestros objetivos, determinando acciones concretas para alcanzarlos.

Por muy absurdo que parezca, cada acción debe determinar el logro de un objetivo, por lo que hay que generar estrategias para lograr todos los objetivos trazados durante el periodo seleccionado en nuestro plan.

Puede suceder que alguna de las estrategias no esté alcanzando el objetivo. La ventaja que tenemos con el Marketing Digital es que podemos medirlo en corto tiempo y revisar el resultado al momento, cambiando la estrategia de forma completa si es necesario, o solo haciendo modificaciones que agilicen la obtención de resultados.

Aquí, utilizando el mismo objetivo en redes sociales, puede ser que el material de descarga que se va a colocar en *Facebook* para generar mayor incremento de la red social no esté dando resultado, con todo y el presupuesto que se colocó en él... Una solución sería generar un *Livestreaming* para hablar del tema, generar más empatía con los fans, y asegurarles la calidad del material descargable. Otra opción es colocar un código promocional para todos aquellos que descarguen el material y controlar quiénes lo han descargado y hecho válida dicha promoción.

Recuerda que ahora podemos utilizar la herramienta Marketplace que nos ofrece Facebook mismo para poner nuestros productos al alcance de más compradores. Esta herramienta ayuda muchísimo a impulsar las ventas directas, no la dejes fuera de tu plan de marketing digital.

¿Ves la gran ventaja que hoy en día nos da el Marketing Digital? ¡Puedes hacer cambios simples o drásticos para conseguir los resultados deseados!

Paso #4 Calendarizar y Ejecutar

De nada nos sirve tener las mejores estrategias si no tenemos un plan del tiempo necesario para gestionar y llevarlo a cabo. Muchas pymes cometen el error de no llevar un calendario de sus estrategias, sin saber cuánto contenido de ventas han compartido o si han repetido la publicación más de lo necesario. No cometas esos errores y estructura tu *marketing* con un buen plan. **Si ya llegaste hasta aquí, sigue adelante, ¡te falta casi nada para tener mejores resultados en tu empresa!**

Una vez determinadas las acciones, hay que hacer el calendario de publicaciones por red social, como ya lo dijimos en el capítulo #6. Este hay que detallarlo en un mapa de seguimiento que se revisará todos los días para monitorear los resultados.

Ya teniendo el análisis, la definición de nuestro público, los objetivos muy claros, las estrategias especializadas para cumplir nuestros objetivos, y el desarrollo de un calendario de tiempo para lograrlo, debes ponerlo en marcha y ver cómo poco a poco vas cumpliendo lo que tanto deseas obtener. **¡Podemos decir que nuestro plan de *marketing* está completo!**

Paso #5 Monitoreo y Medición

Ya implementado el plan de *marketing*, hay que monitorearlo diariamente para revisar el comportamiento de todo. Esto nos permitirá sugerir cambios para perfilar los resultados y volverlos exitosos.

Este paso para muchos es no muy grato porque es meterse con estadísticas, números, tablas, tasas de conversión y todo aquello que nos permita tener un resultado cuantitativo de nuestro trabajo. No obstante, debes considerar el ponerle atención a cada paso que nuestro negocio ha dado para poder medirlo, tal cual lo estableciste de inicio.

Recuerda: no siempre lo que a un negocio le funciona le puede funcionar a todos los demás. Las comunidades no se comportan igual en ningún lado; por eso, crea, desarrolla, implementa, prueba y, si no funciona, cambia. Trabajarás en modo "prueba y error" al principio, hasta que encuentras tu fórmula para llevar tus campañas al éxito constante.

Con todo lo anterior, tienes en tus manos lo que necesitas para ser un experto en Marketing Digital y aplicarlo a tu negocio. Si bien nadie conoce tu empresa, su mercado y a sus clientes mejor que tú, de nada servirá haber leído este libro si no te accionas. Roma no se hizo en un día, pero sí puedes empezar a construir tu imperio desde hoy. Yo solo puedo decirte que, al final, valdrá la pena intentarlo.

CAPÍTULO 9:
Herramientas digitales

EN ESTE CAPÍTULO quiero ayudarte aportando información que te permita realizar de forma profesional tu trabajo y, con ello, perfeccionar resultados.

Realmente, enlistaré una serie de herramientas que he utilizado durante mucho tiempo, las cuales me han facilitado la vida al momento de ponerme a trabajar en Marketing Digital.

Encontrarás herramientas de medición, de trabajo, de diseño, complementarias, de automatización, de programación de redes sociales... ¡Un poco de todo! Y te servirán bastante para realizar de forma eficiente tu plan de *marketing* y la gestión del mismo.

Cabe mencionar que son solo unas cuantas; si bien hay muchas, yo te comparto con las que he trabajado y me he sentido más cómoda.

Tú puedes explorar las que mejor se adecúen a tus necesidades y a tu forma de trabajo.

Hootsuite

(https://hootsuite.com/)

Considerada la *app* más popular para gestión y monitoreo de una empresa o un perfil personal en redes sociales. Contiene una versión gratuita que te permite gestionar diferentes medios sociales y programar las publicaciones que necesites realizar.

Como toda la versión pagada, te permite obtener reportes de cada una de las redes sociales que se gestionen y segmentar tus reportes periódicamente.

Está disponible para *iOS* y *Android*

Veed.io

(https://www.veed.io/)

Editor de video en línea básico para complementar los contenidos de tus redes sociales. Agrega subtítulos, edita imágenes, coloca créditos, entradas, salidas, incluye textos, acelera el video, coloca efectos para darle mayor impacto a tus videos.

Puedes utilizarlo desde la app en tu celular o desde el ordenador. Es supersencillo de usar y dejará tus videos como un profesional en la materia.

Como todo tiene su versión gratuita y de pago, elige la que más se adecúe a tu presupuesto, pero como siempre lo he dicho, empieza con lo que no te cuesta, vuélvete experto en ello y cuando ya puedas justificar el pago, no lo dudes, súbete al siguiente nivel.

Creator Studio

(https://business.facebook.com/
creatorstudio/home)

Es la herramienta que Facebook nos brinda para publicar, administrar, monetizar y medir de manera efectiva el contenido en todas tus páginas de Facebook y cuentas de Instagram.

Es sin costo, está incluida dentro de tu página de likes y es básica para programar y tener un orden con tus contenidos publicados, te permite medir con mucha eficiencia tus resultados y poder monetizar tus acciones, digna de estar entre tus favoritas.

Facebook Insights

(https://www.facebook.com/business/news/audience-insights)

Herramienta nativa de la red social Facebook, con la que puedes ver las estadísticas de tu página.

Podrás medir las visitas, el número total de "Me gusta", el alcance de las publicaciones, contenido compartido e ignorado, entre otras cosas.

Podrás, también, tomar mejores decisiones sobre lo que publicas en tu sitio.

Scoreboard Social

(https://scoreboardsocial.com/)

Esta herramienta para Facebook nos permite obtener información de la competencia y del rendimiento de nuestra página.

Semanalmente, te hace llegar un reporte sobre la lista de páginas de seguimiento que tienes y su comparativo con la tuya para que monitorees puntualmente tu rendimiento y saber más sobre tu competencia.

Facebook Business Suite

(App disponible en IOS y Android)

Te permite administrar desde un solo lugar todas tus cuentas conectadas de Facebook e Instagram.

Es superindispensable que la tengas entre tus apps de tu celular, ya que te permitirá desde allí recibir las notificaciones de todo lo que pase con tu página de Facebook y tu cuenta de Instagram. Desde aquí podrás contestar mensajes, comentarios, hacer publicaciones sin tener que entrar a tu perfil de Facebook y luego a tu página.

EasyPromos

(https://www.easypromosapp.com/)

Herramienta para gestionar concursos en *Facebook*.

Su fácil manejo te permite realizar concursos con fotos, video y textos ayudado de sus plantillas para gestionar cualquier cantidad de ideas que tengas.

Excelente herramienta para poner en práctica.

PayPal

(https://www.paypal.com/)

La plataforma en internet de pagos que llegó para quedarse entre las favoritas de los usuarios de compras en línea. Es la forma Fácil y Segura de Enviar y Recibir Pagos en Línea. Con esta plataforma puedes crear tu código único de pago que te permite enviarlo a cualquier persona aunque no tenga cuenta en Paypal para realizarte un pago y lo mejor de todo es que puedes generarlo en la divisa que necesites, de esta manera rompes fronteras y puedes vender tus productos o servicios en cualquier parte del mundo.

Canva

(https://www.canva.com/)

App para generar contenido propio y de fácil manejo. Contiene una amplia gama de plantillas ideales para diseñar cualquier contenido de cualquier red social.

Esta herramienta contiene un menú para seleccionar el tipo de contenido a diseñar y las plantillas disponibles para trabajar.

Ideal para aquellos que no cuentan con diseñador gráfico para trabajar sus contenidos y para todas aquellas personas que no tienen conocimiento de uso de programas de diseño.

Linktree

(https://linktr.ee/)

Es una herramienta capaz de reunir enlaces a páginas externas o sitios web en una sola página. Es superrecomendada para tu biografía de Instagram, ya que solo te permite poner un solo link, al usar esta herramienta puedes crear tu link con el acceso a todas tus redes sociales, a tu tienda en línea, o a los accesos que tú quieras que entren tus seguidores, por ejemplo, a la compra de uno de tus programas pagando con el código de Paypal, o a registrarse a tu boletín de noticias.

Es la mejor opción para crear este link de acceso a todas tus redes sociales o accesos que tú quieras, ya que lo puedes poner en tus propias redes sociales, en tus correos electrónicos, Whatsapp o Telegram, en fin, donde tú quieras.

PicMonkey

(https://www.picmonkey.com/)

Es un editor de fotos *online* cuyo beneficio es que, para usarlo, no necesitas una cuenta o registrarte para editar tus fotos. ¡Solo tienes que subirla, editarla y bajarla directamente a tu computadora!

Como toda la versión pagada, es muy buena, ya que permite mayor acceso a filtros plantillas, marcos, etc.

Mailerlite

(https://www.mailerlite.com/)

Es una plataforma de marketing que te permite enviar campañas de correo electrónico automatizado, gestionar tus listas de suscriptores, crear páginas de aterrizaje, crear programas de fidelización de clientes, anuncios emergentes y un sinfín de acciones para crear un marketing muy profesional para tu empresa.

Es una plataforma muy sencilla y amigable que cualquier persona puede utilizar sin mayor trabajo. Totalmente recomendable entre tus indispensables.

Bitly

(https://bitly.com/)

La mejor herramienta *online* para acortar las *URL* (*Uniform Resource Locator*), conocidos como "hipervínculos" en nuestra lengua. Es ideal para crear enlaces más limpios y colocarlos propiamente en redes sociales. Así, ya no verás esas extensas líneas de mil números, letras e íconos que solo distraen la lectura en nuestra publicación. Te fascinará, ¡es superfácil de usar!

Dato curioso: *Google* tenía un servicio similar llamado "*Google URL Shortener*", pero dada su poca fama entre los usuarios, esta se desactivó el 30 de marzo del 2018. Sin embargo, fue reemplazada por "*Fire Dynamic Links*" (*https://firebase.google.com/products/dynamic-links/*), sitio que ofrece el mismo servicio de acortar *URL*.

Trello

(*www.trello.com/Planning/Tool*)

Excelente app para organizar y gestionar tareas entre un equipo de trabajo. Puedes indicar cada proyecto, las tareas a realizar, las personas que lo gestionarán, modificaciones en tiempo real, colocar fechas límites de entrega, checklists, links, archivos, etc.

¡Ideal para trabajo en equipo!

Google Analytics

(https://analytics.google.com/analytics/web/)

Herramienta de *Google* que te permite obtener un análisis amplio de tu sitio web. Conoces el tráfico en tiempo real, de dónde proviene, cuánto duran las visitas en tu sitio...

Puedes gestionar embudos de conversión, saber qué hacen los usuarios en tus páginas, es simplemente ideal para medir el rendimiento de una campaña de *marketing*.

Google Adwords

(ads.google.com/)

Herramienta para gestión de campañas pagadas en el buscador. Esto nos permite ponernos en los primeros lugares de búsqueda entre los internautas, aparecer en sitios privilegiados, y generar campañas de seguimiento.

Es muy usada para campañas de creación de leads calificados.

Google Trends

(www.thinkwithgoogle.com/)

Herramienta de *Google* que nos permite realizar búsquedas de palabras claves, explorar las tendencias de búsquedas de los internautas, las listas de búsquedas más populares por año, conocer los temas que más se buscan en *Google*.

Excelente herramienta para conocer más sobre cómo nos buscan nuestros clientes.

Mailchimp

(www.mailchimp.com/)

Excelente herramienta para gestionar campañas de correo electrónico, con una versión sin costo y otra versión pagada, como regularmente las encontramos en Internet.

La versión sin pago sigue siendo la mejor opción para empezar a trabajar la herramienta y poder escalar a la versión pagada, una vez que se domine.

Te arroja grandes estadísticas sobre las campañas realizadas y, lo mejor de todo: ¡posee un amplio contenido de plantillas de diseños para crear tus propios correos!

SumaCRM

(www.sumacrm.com/)

Herramienta ideal para las empresas pequeñas o pymes, ya que ayuda en la gestión de campañas comerciales, permitiéndote organizar tus contactos de forma sencilla y más estructurada.

Como todo buen *CRM*, te permite saber el estatus real de cada contacto, manteniendo tu base de datos actualizada todo el tiempo. Hay versión para móviles y para ordenador.

Survey Monkey

(www.surveymonkey.com/)

Herramienta para realizar cualquier tipo de encuesta *online*. Excelente para todo tipo de empresa.

De fácil manejo, puede interactuar con muchas aplicaciones; tiene una versión gratuita y una pagada. La puedes ver y realizar desde tu computadora o en tu móvil.

Mail Track

(https://mailtrack.io/en/)

Esta herramienta es de mucha utilidad, ya que te avisa cuando las personas han abierto el correo que les has enviado sin necesidad de que ellos pulsen un botón o hagan alguna acción.

Te llega una notificación en tiempo real al instante de que se abrió el correo, y por cada vez que la persona lo vuelva a abrir, te enviará una notificación diciendo que se ha abierto de nuevo.

Es ideal para persuadir a tus clientes en materia de revisión vía telefónica pidiendo saber qué les pareció la cotización que enviaste, por ejemplo. Y no pueden decir que no lo abrieron, porque eso tú ya lo sabes...

Eventbrite

(https://www.eventbrite.com/)

Sitio web de gestión de eventos. En esta herramienta puedes gestionar tu evento y generar accesos con o sin costo para controlar las entradas.

Se encuentra muy de moda actualmente para un mayor control de registro de asistencia a conferencias, eventos sociales, de *networking*, etcétera.

HubSpot

(https://www.hubspot.com/)

Herramienta para trabajar *Inbound marketing* (conjunto de técnicas de *marketing* no intrusivas que nos permiten conseguir captar clientes aportando valor, a través de la combinación de varias acciones de Marketing Digital como el *SEO*, el Marketing de Contenidos, la presencia en redes sociales, la generación de *leads* y la analítica web).

Te permite conocer todos los detalles de tu estrategia integral: quién es tu cliente ideal, mejorar tu *SEO*, segmentar información de cada usuario, generar campañas específicas para segmentaciones puntuales, gestión de contenidos, seguimiento a contactos, gestión de envíos de correo electrónico, *CRM*... ¡Es completamente integral!

ManyChat

(https://manychat.com/)

Herramienta de automatización de *Messenger*, el cual te permite instalar un *bot* (robot) en tu chat de mensajería al cual le configuras un sinfín de acciones para que, automáticamente, haga interacción con cualquier persona que te envíe un *inbox*.

Por medio de una configuración previa, podrás hacer preguntas que el usuario conteste con base en tus opciones, interactuando con ellos sin tener una persona a cargo.

Es una excelente herramienta para venta de productos, registro de cursos, envío de materiales descargables, etcétera.

Zoom

(https://zoom.us/)

Zoom es una plataforma que permite realizar videoconferencias, chatear e impartir *webinars* de forma rápida y sencilla. Con esta herramienta podrás hacer videollamadas, concretar reuniones y entrevistas con tus clientes, alumnos y amigos.

Es una herramienta muy potente con la que te ganarás la confianza de potenciales clientes. Podrás entrevistar a referentes de tu sector y dar soporte a los alumnos de tu curso o plataforma de membresía.

Con la versión gratuita puedes programar reuniones en modalidad 1 a 1, grabar la sesión y compartir pantalla; con la versión pagada, tienes audiencia mínima de 100 personas al mismo tiempo conectadas. ¡Es fabulosa!

TweetDeck

https://tweetdeck.twitter.com/)

Este es un clásico para los CM (*Community Manager*) que administran varios perfiles de Twitter. El diseño de esta herramienta es similar a la herramienta de pago Hootsuite, donde todo está organizado por columnas y puedes seleccionar el tipo de contenido que se muestra en cada una de ellas: menciones, *likes*, seguidores y un largo etc.

Esta herramienta es básica para cuando administras muchas cuentas de Twitter, te facilitará el trabajo sin importar que solo tengas una sola cuenta por administrar. ¡Lo mejor es que todo se hace en tiempo real!

Recurpost

(https://recurpost.com/)

Esta herramienta me ayuda mucho y me ahorra tiempo, ya que con ella vuelvo a publicar contenido de valor que fue en su momento muy exitoso sin tener que volverlo a publicar con configurarlo desde la plataforma lo puedo revivir con solo un clic. Como yo lo veo es tener **una función que los vuelva a publicar automáticamente** cuando ya ha pasado suficiente tiempo para que nuevas audiencias lo vean.

Recuerda que los seguidores nuevos muchas veces no exploran todo tu muro para ver todas tus publicaciones y esta herramienta se vuelve excelente para hacer esto. RecurPost y sus "Librerías de Contenido" se encargan de esto por ti.

CAPÍTULO 10:
Mi experiencia personal con el Marketing Digital

Y BIEN, YA TE HE DADO todo lo que necesitas saber sobre el Marketing Digital: cómo usarlo a tu favor, qué debes hacer y qué no debes hacer, cómo hacer un plan de trabajo, los puntos a considerar, cómo implementarlo, cómo sacar tu presupuesto, qué debes medir, cómo enfrentarte a este mundo digital que avanza fuertemente, te di una lista extensa de herramientas y aplicaciones útiles para facilitar tu trabajo...

Pero no puedo terminar este libro sin antes contarte cómo llegué a todo esto, porque para poder escribirlo tuve que experimentar muchas frustraciones, muchos fracasos para, luego, empezar a conseguir éxitos y aciertos. **Me hubiera gustado contar con una guía como esta que me dijera por dónde empezar.**

Así como tú, yo me aventé sin saber del tema, cometiendo muchos errores y viendo cómo corregirlos; leía mucha información en Internet, entré a un sinfín de *Master class* en línea, muchos *webinars* gratuitos, compré muchos cursos (algunos ni siquiera los terminé), y era tanta la información que capturaba de tantos sitios, que algunos se contradecían en sus opiniones. Unos a favor otros en contra.

Pero llegó el momento de decidir qué hacer, y allí fue donde establecí mis propias acciones y empecé a probar para tener un resultado y, con base en eso, hacer una metodología de trabajo que me permitiera generar resultados exitosos y tener ventas.

Como todo, encontré mucho humo en las redes sociales: muchos que ofrecían llevarte a generar cantidades económicas muy altas con tan solo unos pasos y sin inversión publicitaria, en su mayoría. Cosa que, ahora, sabes que no funciona así.

Al momento de estar en esos *webinars*, me daba cuenta de que todo era genial, pero notaba detalles que no me checaban:

- Mientras avanzaba el curso, comprendía que, para obtener esos resultados, debía contar con un arsenal de trabajo realizado: un sitio web, una plataforma de *CRM*, una plataforma pagada de gestión de redes, una plataforma pagada de *bots*, etcétera...

- Esto me llevó a pensar que había una inversión muy fuerte de por medio que soportara la estrategia. Si bien no pagabas para su difusión, pagabas para generar todo lo que implicaba hacer esa estrategia.

- Al final, remataban con vender otro seminario/curso de varios cientos de dólares para enseñarte a hacer, paso a paso, la estrategia que te mostraron en la *Master class*... Nuevamente me decía a mí misma: "¡Tiene que haber una opción que me permita tener prospectos, y de allí trabajarlos y hacer clientes!".

Con lo anterior, me di cuenta de que no todas las estrategias eran para todas las industrias, y que no todas las estrategias funcionaban para todos los productos o servicios, ¡sobre todo servicios! Fue allí donde empecé a sacar mis propias conclusiones y a implementar mis propias estrategias.

Algunas funcionaron, otras fracasaron rotundamente. Como todos, me desesperé mucho, pero nunca tiré la toalla: me di cuenta de que la única forma de tener éxito en mis redes sociales era conociendo el valor de cada red social, determinar cuáles tener, poner objetivos y trazar un plan que me diera estructura.

Así como cuando haces tu modelo de negocio y lo pones en papel para visualizarlo y trazarlo, así fue como comencé desde cero y desde un inicio. Esto, a largo plazo, me permitió mejorar mis estrategias y empezar a consolidar clientes. Fui creciendo en conocimiento y, al mismo tiempo, en tipo de clientes, comencé con muy pequeños y empecé a escalar hasta llegar a conseguir grandes cuentas.

Otra cosa que me ayudó mucho fue tener un mentor o un *coach* que me enseñara todo aquello que no sabía hacer. Esa fue la clave. Dejé de tomar *Master class* gratis y comencé a pagar por una consultoría 1 a 1 que me permitiera aprender a hacer mejor las cosas para mí y, por consiguiente, para mis clientes.

Después de ocho años en todo esto, hoy puedo escribirlo en papel y ayudarte con esta guía que te brinda orientación y conocimiento, para no hacerte perder tiempo ni dinero.

Entre las cosas que aprendí en ese tiempo de búsqueda incansable por tener el conocimiento adecuado y exitoso, entendí que valía más pagar a un profesional en el ramo, que escatimar pagando por cursos de bajo costo para aprender.

Cuando asistía a esos cursos, me daba cuenta de que sabía más yo que el instructor, así entendí que la mejor inversión que puedo hacer es en mí misma, y que en ella encuentro la capacitación necesaria para crecer como persona y profesional, ofreciendo mi amplia experiencia y recursos intangibles a mis clientes.

Cuando comencé mi empresa de Merca para pymes, yo no tenía mucho conocimiento de Marketing Digital. En sus inicios, yo contrataba a los instructores para que impartieran los cursos, siempre buscando tener a los mejores en cada área. Al cabo de dos años, un buen día dije: "para que el negocio sea más rentable, hay que cambiar un poco el orden de las cosas", siendo una de ellas el ya no contratar instructores y volverme mi propio instructor.

Eso me llevó a estudiar el triple para estar a la altura de mis expectativas y las de mis clientes. Mejoramos y rediseñamos el negocio y comenzamos a gestionar redes sociales para los clientes, lo cual me hizo aprender de primera mano la parte técnica, metiéndome al trabajo de campo para conocer a fondo el proceso y venderlo más fácilmente.

Como todo, tuvimos que rediseñarnos y, desde hace cuatro años, me dedico a la consultoría en Marketing Digital. Esto me ha permitido trabajar cada proyecto de la mano de mis clientes, sentirme parte de su proyecto y hacerlo mío.

Mi estrategia de Marketing Digital es muy simple: yo coloco una publicación en donde ofrezco un diagnóstico SIN COSTO de su página de *Facebook*, pongo inversión pagada y determino la periodicidad en la que saldrá.

Normalmente, extiendo la duración por cinco días e invierto de $100.00 a $200.00 mexicanos diarios. Lo único que tienen que hacer los usuarios es enviar su *link* por *inbox* para ser revisada. Yo les devuelvo las observaciones realizadas en su página; de ahí se deriva el "quiero mejorar, ¿qué me ofreces?", punto donde cierro la dinámica vendiendo mi programa de consultoría. La tasa de conversión es del 30% promedio, quienes pasan a ser clientes.

Esta es la forma en la que hago clientes para mis consultorías. ¿Me genera mucho trabajo? Sí, pero quedo tan satisfecha de poder ayudar a tantos negocios a mejorar su Marketing Digital, pues la atención que presto en mis observaciones que les doy son tan puntuales, que, indiscutiblemente, aumentan el rendimiento de su página.

Con esto, puedo garantizarte que yo hago exactamente todo lo que te enseño en estas hojas. Recopilé mi trabajo implementado, sin paja y contenido que no sirve, para brindarte herramientas y recursos de alto valor.

Te aseguro que, si lo haces, tendrás éxito y muy buenos resultados. Así que manos a la obra, ¡el éxito de tu empresa está, literalmente, en tus manos!

Datos de contacto

Whatsapp 8116332198

E-mail:
contacto@mercaparapymes.com.mx

Facebook

Linkedin

Instagram

Made in the USA
Columbia, SC
02 September 2022

65901262R00067